MÉMOIRE

SUR LA MACHINE

DE MARLY.

MÉMOIRE

SUR LA MACHINE

DE MARLY;

PAR A. CORDELLE,

Ingénieur en Hydraulique, et Inspecteur de laditte Machine.

OBSERVATIONS PRÉLIMINAIRES.

DÈS l'année 1782, sur l'invitation qui m'en a été faite par le gouvernement, je lui ai rendu compte des défectuosités de la Machine de Marly.

J'ai prouvé que l'obliquité de ses

mouvemens tendait à son détriment, consommait en pure perte une partie de sa force motrice, et qu'il serait dangereux d'exiger qu'elle produisit davantage avant d'être rectifiée.

J'ai prouvé que le procédé des Pompes à feu, (*dont le principal mérite consistait dans le génie de l'invention et la nouveauté*) ne pouvait être appliqué à cette Machine.

Que deux Pompes à feu de la plus grande proportion connue, semblables à celle de Chaillot, et continuellement en action, seraient insuffisantes pour faire monter deux cents pouces d'eau à environ cinq cents pieds de hauteur sur l'aqueduc.

Que la dépense excessive, nécessitée pour l'entretien de ces deux Pompes, devait faire renoncer au projet de s'en servir ; que c'est dans les mines de charbon, où le feu ne coûte presque rien, que ce procédé peut être vraiment utile.

Le gouvernement, renonçant alors aux pompes à feu, accueillit les moyens que je lui avais présentés ; et pour n'avoir aucun reproche à se faire, il chargea l'Académie des Sciences de proposer des prix, *pour les meilleurs projets de reconstruction et amélioration de la Machine de Marly.* (1).

---

(1) Le projet du citoyen Cordelle étant accepté, n'a pas été présenté aux concours.

Les Mémoires présentés aux deux concours n'ont rien ajouté au plan accepté par le Gouvernement ; les circonstances seules en ont empéché l'exécution.

La Machine de Marly, (*chef-d'œuvre de complication*) se trouve aujourd'hui dans un dénuement absolu des matériaux nécessaires à son entretien ; elle exigerait une dépense considérable pour l'approvisionner et la rétablir dans son état primitif, où une vieille routine a su la maintenir tant que les matériaux n'ont pas manqué.

Le projet que l'ancien Gouvernement avait accepté, et que je vais développer, est le seul qui doive être exécuté ; il réunit à la simplicité des moyens, la solidité et l'économie.

Je dis l'économie, attendu que le produit des débris de la Machine actuelle, non-seulement suffira pour la construction de la nouvelle, mais encore pourra assurer son modique entretien.

DESCRIPTION

DE LA

NOUVELLE MACHINE.

La nouvelle machine sera composée de six roues, et de deux conduites indépendantes l'une de l'autre, qui porteront l'eau depuis la rivière jusques sur l'aqueduc, où elles dégorge-

A 4

ront continuellement, sans secousse et sans balancement, chacune cent pouces d'eau; ce qui sera plus que suffisant , puisque la Machine actuelle n'en produit pas moitié.

Chaque roue aura quarante pieds de diamètre, avec trente-six aubes.

Chaque bout de l'arbre de cette roue sera armé de quatre quarts de cercle excentriques en forme de cicloïdes divisés de manière à faire mouvoir alternativement, deux fois chaque tour de roue, quatre bascules, en se developpant sur des rouleaux.

Chaque bascule correspondra à un corps de pompe, et appuyera sur la tringle du piston pour l'enfoncer

Les pistons seront suspendus deux

à deux par des chaînes à mailles plates, de mon invention, qui se développeront dans la gorge d'une poulie, en sorte que lorsqu'une bascule enfoncera un piston, l'autre, qui y correspond, sera relevé par le mouvement de la poulie.

Les Pompes seront placées sur des baches. (1)

Chaque fois qu'un piston s'élèvera, il aspirera l'eau, qui, ouvrant la soupape de fonds, montera dans le corps de Pompe ; tandis que l'autre piston corespondant refoulera l'eau et for-

---

(1) Les baches seront remplies par des pompes particulières que fera mouvoir le même mécanisme.

cera la soupape de retenue à s'ouvrir pour la laisser passer dans la conduite qui montera sur l'aqueduc.

Les deux conduites que j'ai dit devoir porter chacune cent pouces d'eau sur l'aqueduc, seront en tuyaux de fonte, s'emboitant l'un dans l'autre, et d'une épaisseur graduée et relative à la hauteur et à l'effort que l'eau fera pour s'échapper.

Cette nouvelle manière de joindre les tuyaux de fonte dispensera de l'emploi du cuir entre leurs brides, il suffira d'y mettre du fil de vieille corde gaudronnée.

Pour obvier à l'alongement et au racourcissement des tuyaux de fonte, des plus grandes chaleurs aux plus grands froids, (*et que l'on sait être de deux à trois pieds dans une longueur de six à sept cents toises, telle que celle de Marly*) il sera placé de six en six toises un tuyau de plomb d'environ un pied de long, dont les brides par leur flexion se prêteront aux allongemens et raccourcissemens de la conduite.

J'établirai pour principe et d'après l'expérience, que l'on ne doit se servir à Marly que des Pompes à piston plein, faisant leurs mouvemens dans une boite à cuir, fixée à la partie supérieure de la Pompe.

Ces pistons, qui font leur mouvement en partie hors des Pompes, et les boîtes à cuir, ne sont pas exposés à s'user comme s'ils trempaient dans l'eau, qui est souvent chargée de gravier ; d'ailleurs le moindre défaut se fait remarquer, et est facile à réparer.

MOYENS D'EXECUTION.

AVANT de rien supprimer à la Machine actuelle, il faut avoir procuré, par le nouveau moyen, la quantité d'eau nécessaire pour les besoins journaliers.

Avec les vieux plombs et les vieilles fontes de réforme éparses autour de la Machine, on fera sur les lieux les tuyaux de la première conduite, qui seront placés à fur et à mesure de leur confection.

On construira en même temps la première roue et ses accessoires; desorte qu'elle sera placée et en activité aussitôt que celle dont elle prendra la place, sera supprimée.

Il en sera de même des autres.

DÉPENSE.

J'ESTIME que pour établir les six roues et les deux conduites en employant les matériaux de réforme, la dépense sera d'environ cent mille francs.

Les débris de la machine actuelle, non employés dans la nouvelle, produiront au moins trois cent mille francs, et en conséquence un bénéfice de deux cents mille francs à la République; auquel bénéfice il convient d'ajouter pareille somme pour la dépense que l'on serait obligé de faire pour approvisionner et rétablir la Machine actuelle.

J'observerai en outre que les frais d'entretien de la nouvelle ne monteront pas au tiers de ceux qu'exigera toujours celle qui existe.

RÉSUMÉ.

On voit, par ce qui a été dit ci-dessus, que la construction de la nouvelle Machine procurera à la République un bénéfice réel de quatre cents mille francs, et qu'elle ne coûtera que le tiers de l'entretien de l'ancienne, en produisant le double d'eau.

De l'Imp. de BERTRAND-QUINQUET, rue Germain l'Auxerrois, N⁰, 53.